30秒看世界

U0852774

30秒认识地球

[英] 安尼塔・加纳利 著

[英] 梅尔文・埃文斯 绘

[英] 基立・摩西 顾问

李橙 译

中信出版集团 | 北京

图书在版编目（CIP）数据

30 秒认识地球 /（英）安尼塔 · 加纳利著；李橙译
. -- 北京：中信出版社，2019.7
（30 秒看世界）
书名原文：Earth in 30 Seconds
ISBN 978-7-5217-0732-8

I. ① 3… II. ①安… ②李… III. ①地球 – 少儿读物
IV. ① P183-49

中国版本图书馆 CIP 数据核字（2019）第 114298 号

30秒认识地球

著　　者：[英] 安尼塔 · 加纳利
译　　者：李橙
出版发行：中信出版集团股份有限公司
（北京市朝阳区惠新东街甲 4 号富盛大厦 2 座　邮编　100029）
承 印 者：北京利丰雅高长城印刷有限公司

开　　本：787mm × 1092mm　1/16　　印　　张：5　　字　　数：60 千字
版　　次：2019 年 7 月第 1 版　　印　　次：2019 年 7 月第 1 次印刷
京权图字：01–2018–7505　　广告经营许可证：京朝工商广字第 8087 号
审 图 号：GS（2018）5921 号
书　　号：ISBN 978–7–5217–0732–8
定　　价：460.00 元（全 20 册）

图书策划：见识城邦
策划编辑：肖雪　程时音　　责任编辑：卢建勇　曲沛然　于贺
营销编辑：杨璞　　装帧设计：象上设计
责任印制：刘新蓉

30秒认识地球

目录

天气与气候 / 29

水分多多的世界 / 43

神奇的生态系统 / 57

未来的地球 / 69

神奇的地球

60秒介绍

地球是一个神奇的星球。在浩瀚的宇宙中，它只是一颗很小的微粒，但却是我们所知的唯一适宜生命生存的星球。地球的年龄令人难以置信——它已经有大约50亿岁了。它的年龄虽大，但当地球上的火山喷发时，还会形成新的陆地。地球是如此之大，以至于要想从地球上挖一个洞通到它的另一端，需要花大概24年的时间。地球是数百万种不同的生命体赖以生存的家园，你需要借助显微镜，才能看到其中某些特别微小的生命体。

这本书中蕴含着有关地球的引人入胜的主题，从“宇宙中的地球”，到为了我们共同的未来而保护地球的重要性。

从四季冰封的两极到干燥的沙漠，从高耸入云的山峰到海底的风景，这本书将为你呈现大自然的奇观，以及不安分的地球上的各种戏剧性的现象，从狂躁的天气，到喷发的火山。

这本书轻松易读，每个主题只有一页篇幅，你可以很快抓住要点并完成阅读。每个主题还有一个快速的总结，用一句话让你把握住精髓。之后，你还可以化身为地球探索者，尝试去完成贯穿全书的小任务。通过这些小任务，你可以更加深入地了解，地球是如何运作的。你可以自己动手，更加直观地了解，为什么地球上有白天和黑夜，山是如何形成的，你还可以亲手在瓶子里制造一场迷你龙卷风……

宇宙中的地球

宇宙由无数个星系组成，每个星系以令人难以置信的速度在宇宙中穿梭。每一个星系中包含着成千上万颗恒星。我们所在的星系是银河系。在银河系中，八颗行星围绕着一颗叫作太阳的恒星运动。其中，靠近太阳的第三颗行星就是我们的家园——地球。地球在宇宙中拥有怎样的位置？地球运动的方式如何导致昼夜交替和四季更迭？在这一章中，你将会找到答案。

地球在宇宙中的位置

30秒大揭秘

地球是围绕太阳公转的八大行星之一。太阳、地球、水星、金星、火星、木星、土星、天王星、海王星共同构成了太阳系。我们所处的太阳系由许许多多种物质构成，但也许你很难想象，它只是浩瀚宇宙中很小的一部分。

地球和其他行星围绕太阳沿一个椭圆形的路径运动，这一路径就是（公转）轨道。地球距离太阳的平均距离是149 597 871千米。地球围绕太阳旋转一周需要365天。

科学家认为，约50亿年前，整个太阳系起源于云状气体和灰尘。据我们所知，地球是宇宙中唯一适宜生命存活的地方。但谁知道以后又会有什么新发现呢？

3秒钟总结

地球是围绕太阳公转的八大行星之一。

3分钟任务

估计太阳系各行星的相对大小

你需要：1米×1米大小的纸，55厘米长的绳子，铅笔，胶带，剪刀，尺子，不同规格的圆形贴纸、硬币、筹码或者盖子，备用的纸

1. 先画太阳，将绳子系在铅笔上，留出50厘米的长度。把绳子的一端粘贴在纸的中心位置。拉紧绳子，画一个圆形。

2. 根据右侧给出的行星直径大小，大略选出差不多尺寸的圆形贴纸和其他圆形物体。比着它们画出其他星球，完成你的纸上太阳系。

直径：
太阳：1米
水星：0.4厘米
金星：0.9厘米
地球：0.9厘米
火星：0.5厘米
木星：10厘米
土星：8厘米
天王星：3.6厘米
海王星：3.5厘米

地球是太阳系的八大行星之一

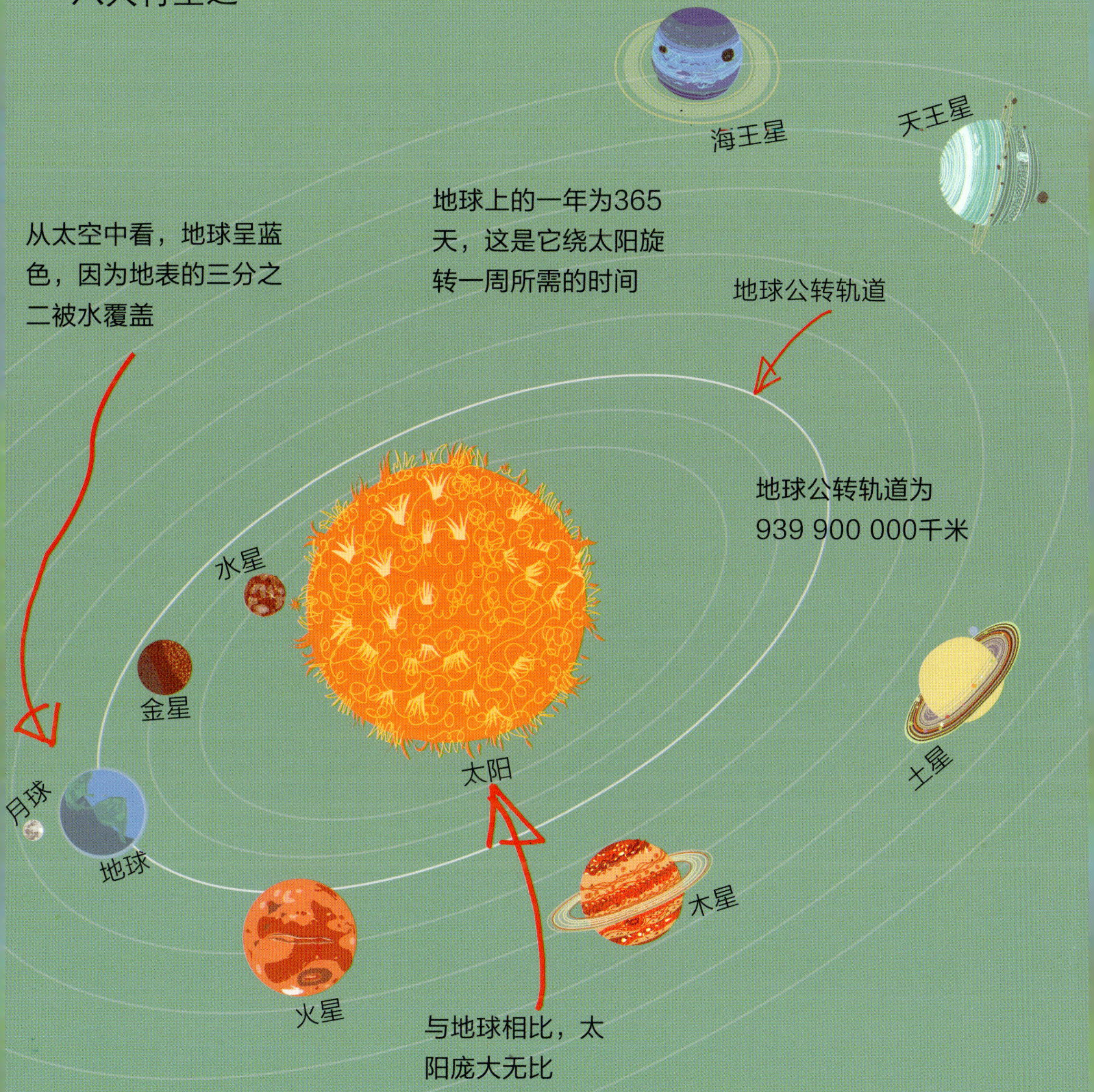

地球自转

30秒大揭秘

我们其实一直在动！在我们的脚下，地球在缓缓地绕自转轴进行自转。自转轴是一条穿过地心的假想轴，它的两端分别是南极和北极。

地球一直在进行自转，但是我们感受不到自己在移动，因为地球是在以一个稳定的速度进行自转。

地球绕自转轴转动一周需要23小时56分4秒。在这段时间里，地球上面对太阳的地方是白天，背对太阳的地方是黑夜。当地球的一边是白天时，另一边是黑夜。当你起床吃早餐时，地球另一边的人正在准备睡觉！

白天，太阳看上去好像在天空中移动。其实太阳根本就没有动，是地球在转动。地球自转的方向始终不变，是自西向东的。所以，我们会看到太阳从东边升起，从西边落下。

3分钟任务

地球自转

为了更直观地了解地球上为什么有白天和黑夜，我们可以找一个篮球，把它当作地球，再找一把手电筒，把它当作太阳。在篮球上粘上不同大洲的轮廓。拉上窗帘，你来转动篮球，请一个朋友拿着手电，把光照射到篮球上。你会发现，随着篮球转动，不同的大洲有时处于光亮中，有时处于黑暗中。

3秒钟总结

地球绕自转轴进行自转，所以地球上有了白天和黑夜。

地球绕自转轴进行自转，但太阳是保持不动的

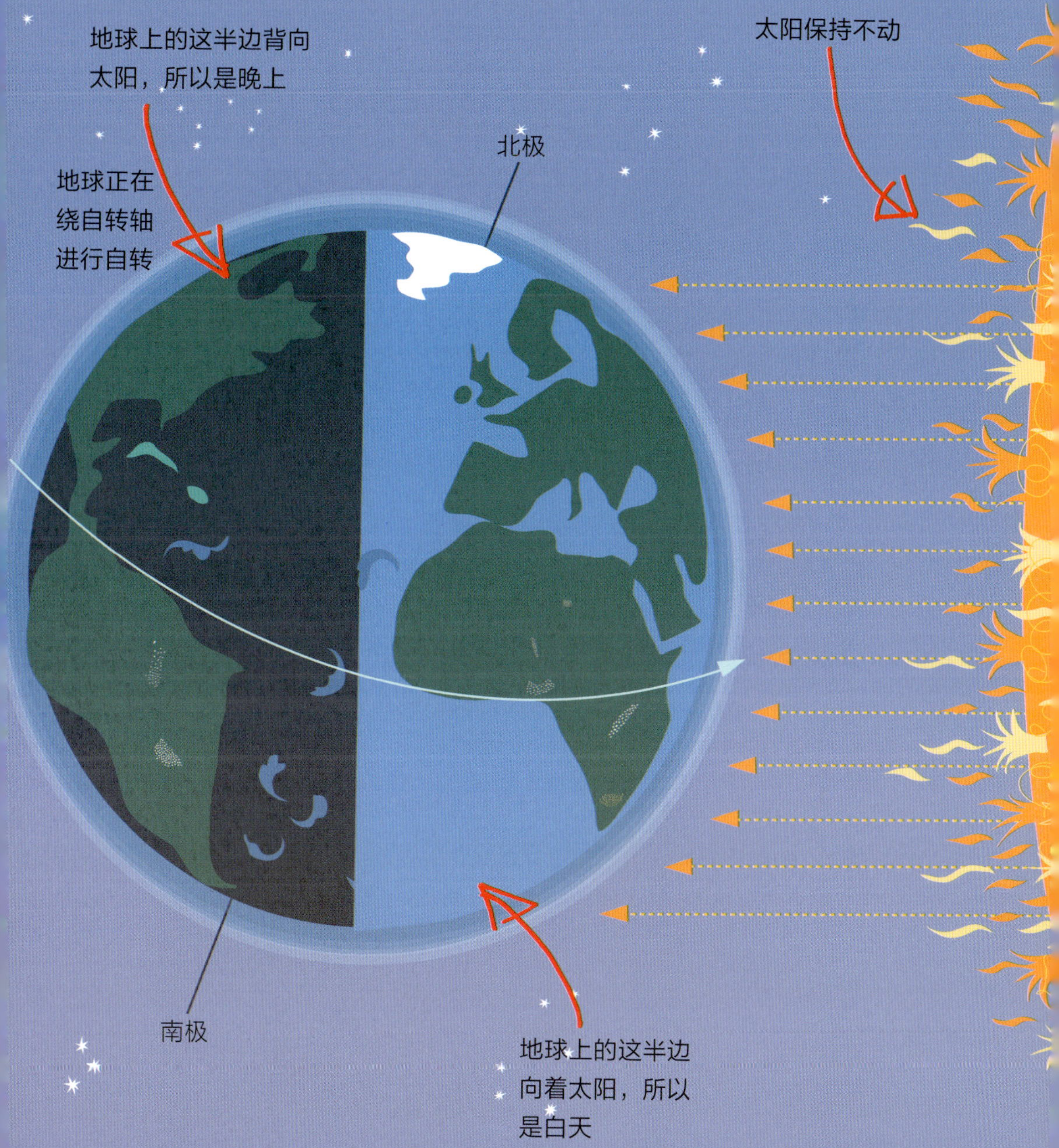

季节变换

30秒大揭秘

你知道吗？地球实际上是向一边倾斜的。地轴倾斜的角度是23.5度。由于地球围绕太阳进行公转，所以在一年中，地球上不同的地方接收到的光和热是不同的。正因如此，地球上有了四季的变迁。

当北极倾向太阳的方向时，北半球处于夏天，天气温暖，白昼时间长。与此同时，南半球处于冬天，天气寒冷，白昼时间短。

当南极倾向太阳的方向时，与上面的情况正好相反。北半球处于冬天，南半球处于夏天。除了冬夏两季之外，在赤道和两极之间的地方还会有春天和秋天。每个季节大约持续3个月。

位于赤道上的地区不受地球倾斜的影响，这些地方总是面向太阳，所以在一年的时间里始终十分炎热，但是，这些地方有雨季和旱季之分。在南极和北极，一年有两个季节——6个月是冬天，6个月是夏天。

3秒钟总结

因为地轴是倾斜的，所以地球上有四季之分。

3分钟任务

展示季节的形成

举起一个地球仪，或者一个标记了北极和南极的球体。让一个朋友举起一只沙滩排球，作为太阳。使你的球体保持倾斜，并绕着太阳慢慢走动。当你觉得北半球处于夏天时，停下脚步。你的判断正确吗？看看13页的插图，来确认一下吧。

地球上有季节的变迁，因为当地球围绕太阳进行公转时，地球上不同的地方有时面向太阳，有时背向太阳

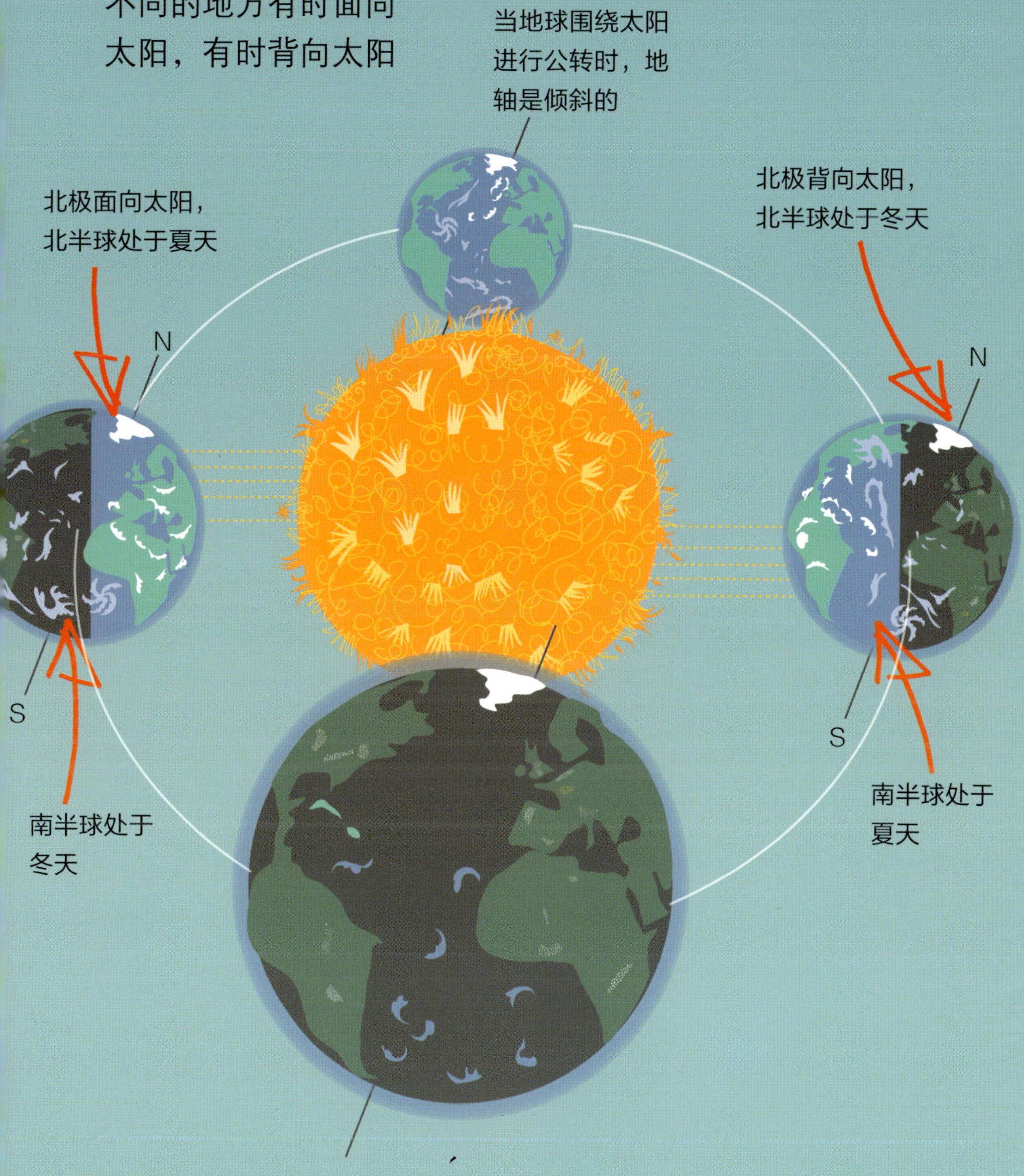

地球的结构

当你散步时，有没有停下来想过：你的脚下正在发生什么？我们的地球到底是由什么构成的？我们走在地面上，地面是坚硬的岩石，但是在同一个地方，它并非始终保持如此坚硬。在漫长的岁月里，地面不断发生爆裂和移动，引起过令人震撼的地震和火山喷发，形成了我们今天看到的大陆与山脉。在这一章中，你将了解到这个不安分的地球的更多信息。

从地壳到地核

30秒大揭秘

地球并不是一个标准的球体。它是一个被挤压的球体，顶部和底部比其他地方扁平一些，中间的赤道一圈比较凸出。你所走的坚硬的岩石地面就是地壳。

在地球上不同的地方，地壳的厚度是不同的。在陆地的下方，地壳的平均厚度是35千米，而在海洋的下方，地壳的平均厚度只有6千米~10千米。

在地壳的下方，有一层岩状结构，叫作地幔。在紧邻地壳的地方，地幔非常热，所以它们中的一部分会熔化，变成柔软、灼热的液状岩石，也就是岩浆。

在地幔的下方，是地核。地核分外核和内核。外核是由液态金属物质构成，主要是铁和镍。内核是由固态金属物质构成，温度异常高，能高达4 500摄氏度。但是这些金属物质并不会熔化，因为围绕着它们的物质层对其施加了强大的压力。

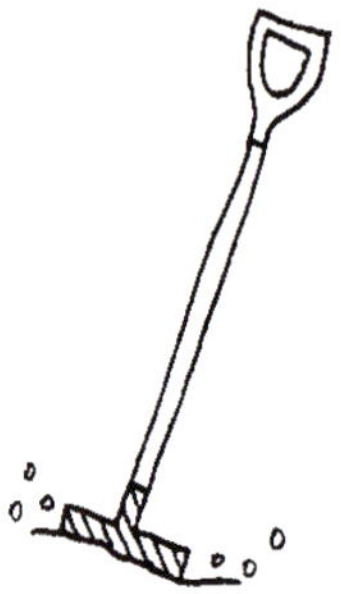

3秒钟总结

从地壳到地核，地球由多层物质构成。

小知识

地球的中心

从地壳到地球中心的距离约为6 400千米。如果你可以一刻不停地行走的话，走过这个距离需要53天。到目前为止，人类开凿的最深的洞深度约为12千米。

地球主要由3层构成：
地壳、地幔和地核

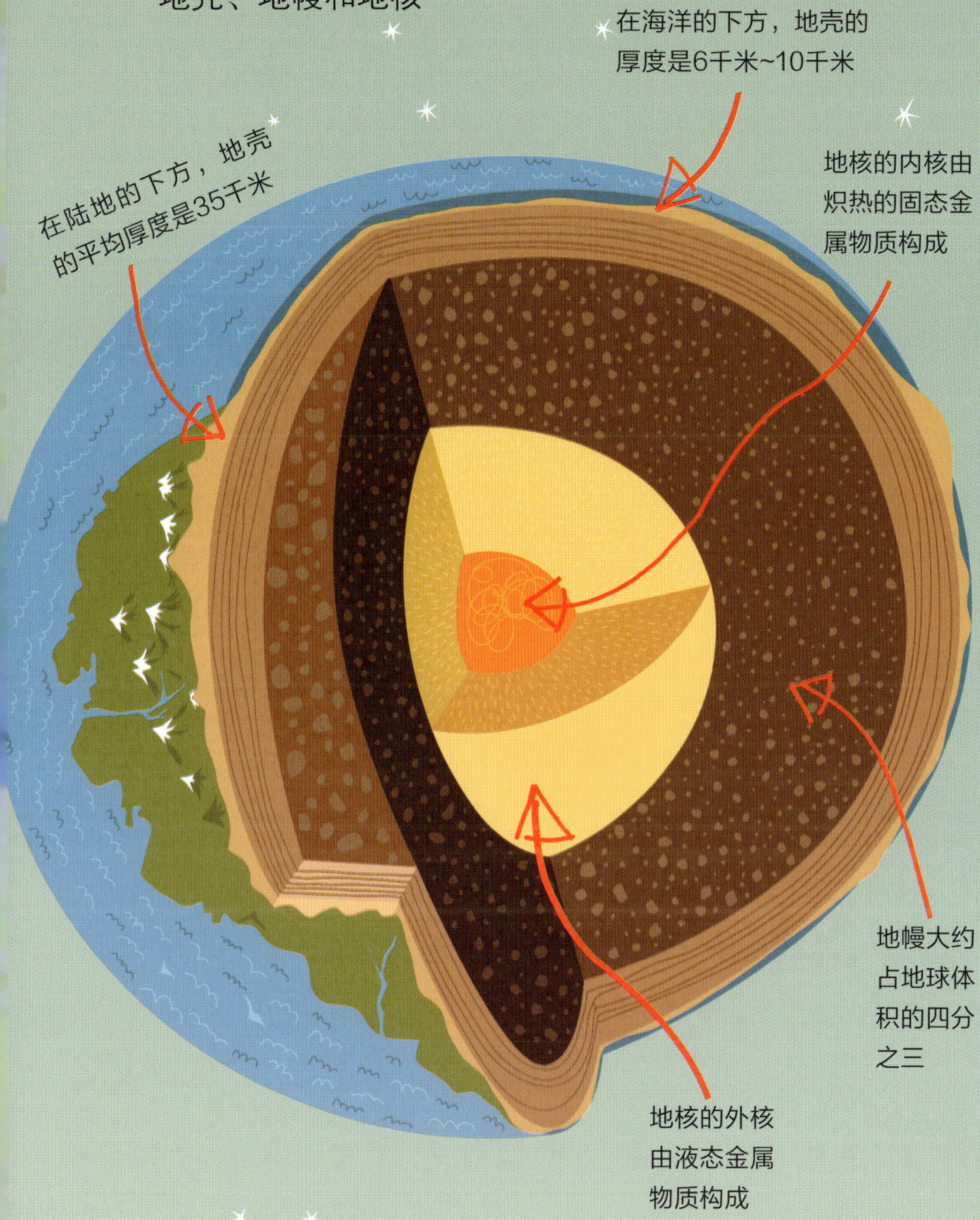

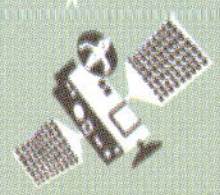

大陆漂移

30秒大揭秘

大陆是在移动的！包裹着地球的地壳因碰撞而形成了巨大的板块，被称为“构造板块”。地球上有7个大的构造板块以及许多小的板块。每一年，这些板块携带着大陆，会移动几厘米。这个运动过程被称为“大陆漂移”。构造板块是在地幔这一层中灼热的岩浆上进行漂移的。

在一些地方，构造板块的边缘部分与主体分离，向相反的方向移动开来。在另外一些地方，它们彼此擦肩而过，或发生碰撞。这些运动会引发地震或火山等现象，并在地球上形成山脉。

“大陆漂移”的运动过程已经在地球上进行了数百万年。约2.5亿年前，今天的那些大陆还是一个整体的超级陆地，被称为“盘古大陆”。后来，盘古大陆分为了劳亚古陆和冈瓦纳古陆两部分。冈瓦纳古陆后来又分裂开来，形成南极洲、南美洲、非洲、印度，以及东南亚和澳大利亚的部分地区。劳亚古陆则分裂为北美洲、欧洲和亚洲。

3秒钟总结

地壳因碰撞而分裂为不同的板块，这些板块在缓慢地移动着。

3分钟任务

粥板块构造论

请一位成年人帮你煮点儿粥。刚刚煮好时，粥很热，呈液体状，就像岩浆。冷却一会儿之后，粥的表面形成了一层膜，就像地壳。如果你再次对粥进行加热，这层膜会移动，并且会有泡泡穿膜（地壳）而出，就像火山喷发。

大陆就是漂移着的7个构造板块。在数百万年的时间里，大陆经过移动，变成了现在的样子

2.5亿年前

这些板块只是一个汇聚在一起的超级大陆，叫作“盘古大陆”

盘古大陆分裂为劳亚古陆和冈瓦纳古陆两部分

2亿年前

冈瓦纳古陆后来又分裂开来，形成非洲和南美洲等。劳亚古陆则分裂为北美洲、欧洲和亚洲

6 500万年前

现在

现在，地球上有七人洲

岩石和矿物质

30秒大揭秘

如果你在地上挖一个洞的话，一定会挖出坚硬的岩石。地壳是由岩石块构成的。

岩石有各种不同的形状、质地和颜色，它们主要有三种类型：

火成岩最初是地球深处炽热的岩浆。当岩浆上升至地球表面时，它就有可能从火山喷发出来。冷却后，岩浆变得坚硬，形成火成岩。玄武岩、花岗岩和黑曜石都属于火成岩。

沉积岩是由被侵蚀的石、沙、泥的碎片以及微小的海洋生物残骸形成的岩石。在数百万年的时间里，这些物质被紧紧地挤压在一起，形成岩石层。砂岩、石灰岩以及白垩都属于沉积岩。

变质岩是在地下深处的高温作用下，或在形成山体的强大力量下，由火成岩和沉积岩转化而来的。大理石、板岩和石英岩都属于变质岩。

3分钟任务

岩石是如何形成的

压力与热量是促使岩石形成的重要因素。让我们来模拟一下这个过程吧!

你需要：白面包、全麦面包各3片，蜡纸，较重的书，微波炉，一位成人助手

1. 把白面包和全麦面包交替堆起来，用蜡纸包住面包。
2. 把书放在面包垛上，并用书按压面包垛，然后把书拿开。
3. 把面包放入微波炉，加热1分钟。热量和压力使面包变硬了——这就是岩石形成的过程。

3秒钟总结

地壳是由不同的岩石和矿物质构成的。

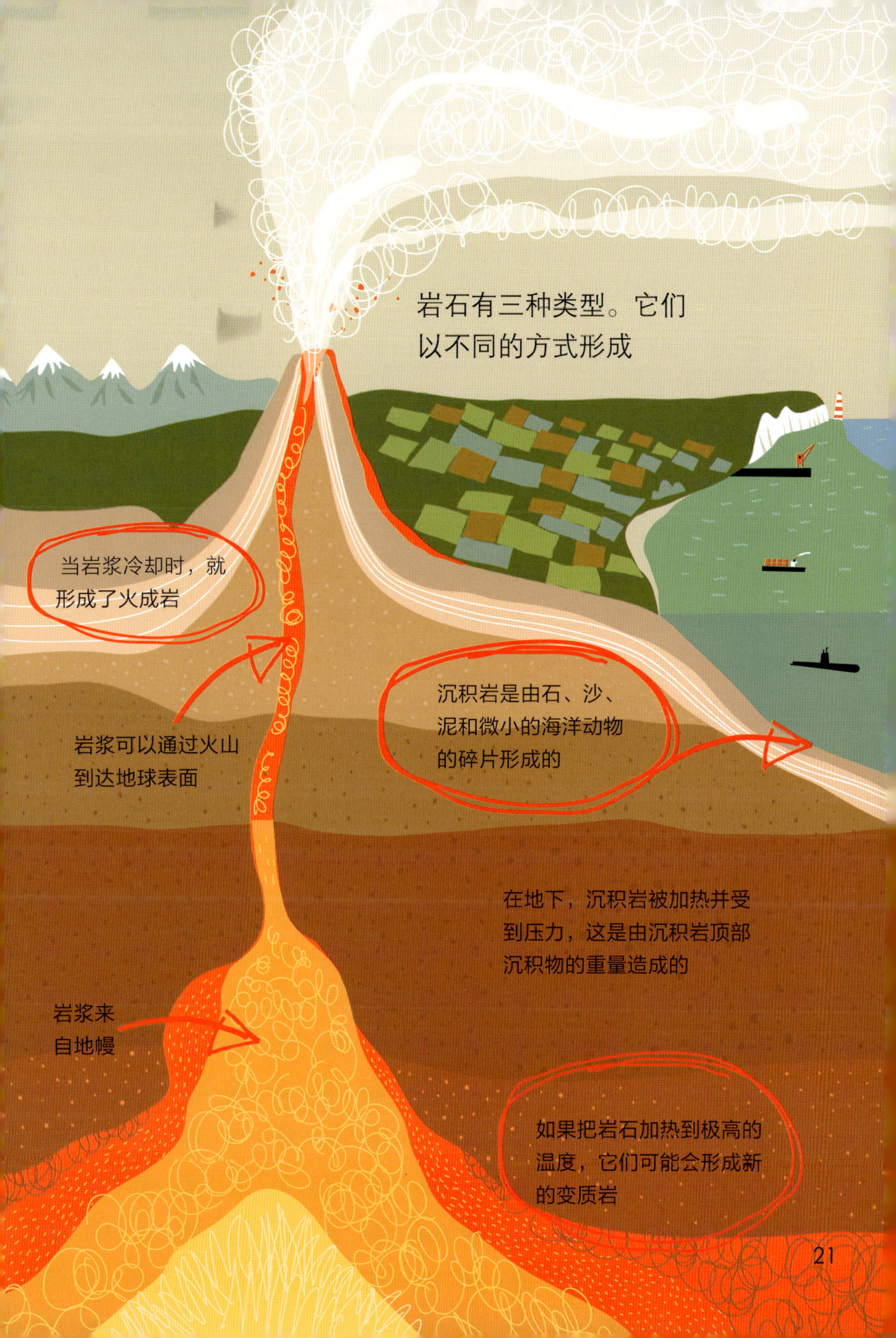
岩石有三种类型。它们
以不同的方式形成
当岩浆冷却时，就
形成了火成岩
岩浆可以通过火山
到达地球表面
沉积岩是由石、沙、
泥和微小的海洋动物
的碎片形成的
在地下，沉积岩被加热并受
到压力，这是由沉积岩顶部
沉积物的重量造成的
岩浆来
自地幔
如果把岩石加热到极高的
温度，它们可能会形成新
的变质岩

火山

30秒大揭秘

当来自地球深处的岩浆和气体受到压力的作用时，它们就从地壳的裂缝到达地表，发生火山喷发。岩浆可能以炽热的岩石流的形式喷发，也可能以火山灰和尘埃的形式爆发。

世界上大约有1 500座活火山，它们中的大多数都位于地球板块的边缘。

当岩浆到达地球表面时，它被称作“熔岩”。熔岩的温度能达到1 200摄氏度以上，流速高达每小时100千米。

提到火山，你可能会想象出一座锥形的山，但并不是所有火山都是锥形的。火山的形状取决于熔岩的厚度以及它们喷发的强度。黏稠的熔岩会形成高高的圆锥形的火山，有陡峭的山峰。稀薄的、流动的熔岩会形成圆顶状的火山，有平缓的坡度。

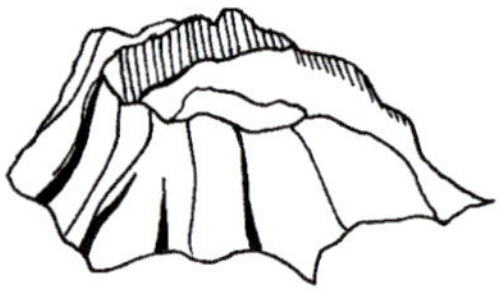

3秒钟总结

当岩浆受到压力的作用时，它们就从地壳冲击而出，发生火山喷发。

小知识

火山学家

火山学家的工作是研究火山。这是一个激动人心、富有挑战性，有时要面对危险的职业。有一些火山学家研究活火山，这项研究的目的就是去探索如何保护居住在活火山附近的人。当火山喷发时，这些火山学家可能会发现，自己离火山很近。他们会感受到惊天动地的火山喷发，听见震耳欲聋的爆炸声和岩石破碎的声音，甚至可能感受到扑面而来的火山灰。要想成为一名火山学家，你需要学习科学、数学和计算机知识。

当来自地球深处的岩浆和气体受到压力的作用时，它们就从地壳冲击而出，发生火山喷发

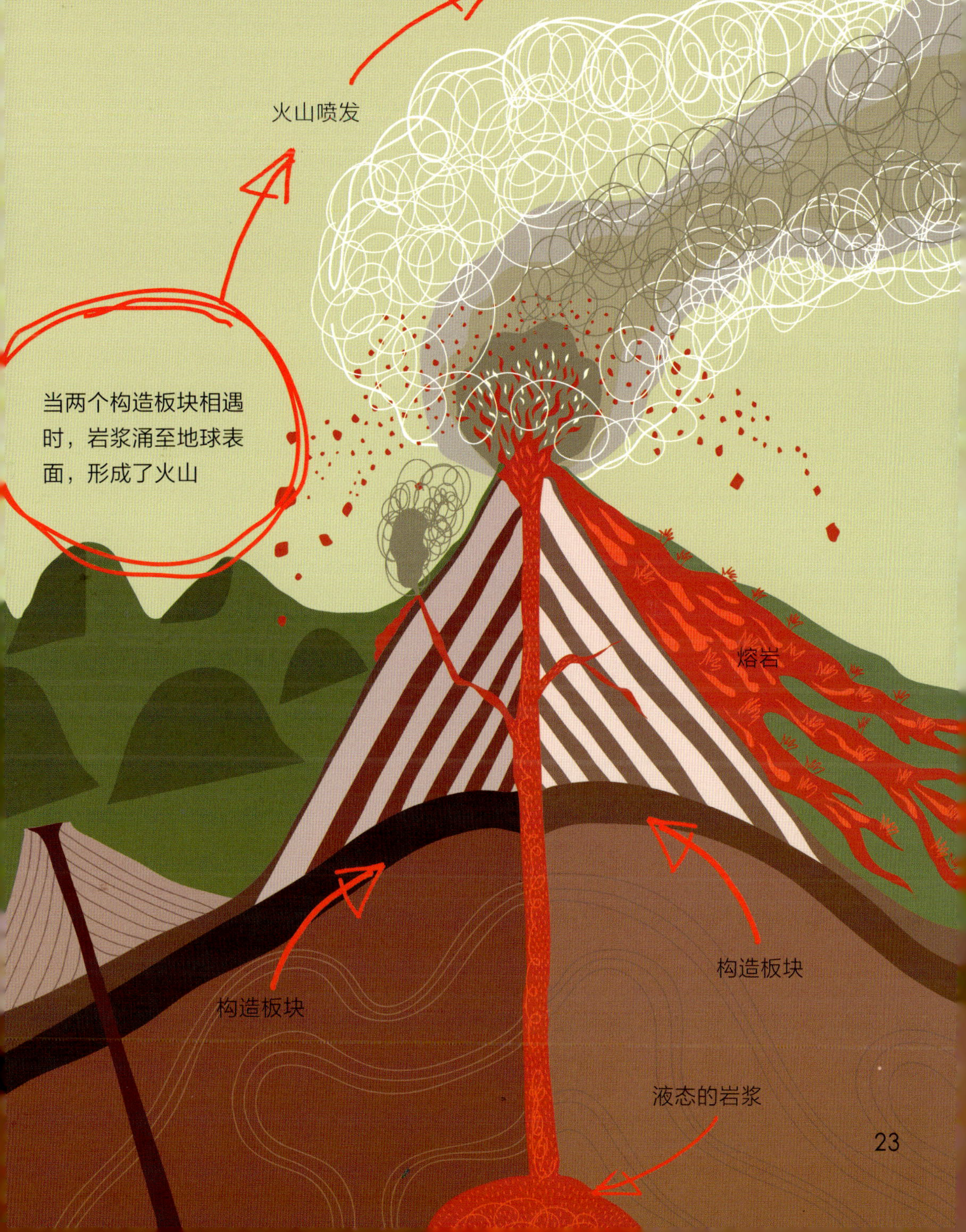

地震

30秒大揭秘

有时候，不同构造板块的边缘互相挤压，但是板块本身还在继续移动，它们之间产生了相互的作用力。这时，地下的压力越来越大。突然，这个压力被释放了出来，从而导致岩石滑落，发出巨大的冲击波。

地面剧烈震动。这就是地震！一场大地震的冲击波可以波及地球数千千米。建筑物可能会倒塌，车辆相撞，电线跌落，人类可能会在地震中受伤或丧命。

地震学家（研究地震的专家）大多用里氏震级来衡量地震的大小。根据岩石破裂时释放的能量，里氏震级将地震分为0级到10级。震级每上升1级，能量就会增加30倍。一场里氏4级地震的威力是里氏2级地震的900倍。

3秒钟总结

当地球上的构造板块突然移动时，便产生了地震。

3分钟任务

冲击波

要了解冲击波是如何产生作用的，我们只需要将一块鹅卵石扔到池塘里，观察由内向外泛起的涟漪。波浪在最初形成的地方最大，然后在移动的过程中逐渐变小。

你还可以在网络上搜索相关的知识，找一些介绍地震形成过程的动画片。

地震可能是毁灭性的！构造板块的突然移动会造成巨大的冲击波

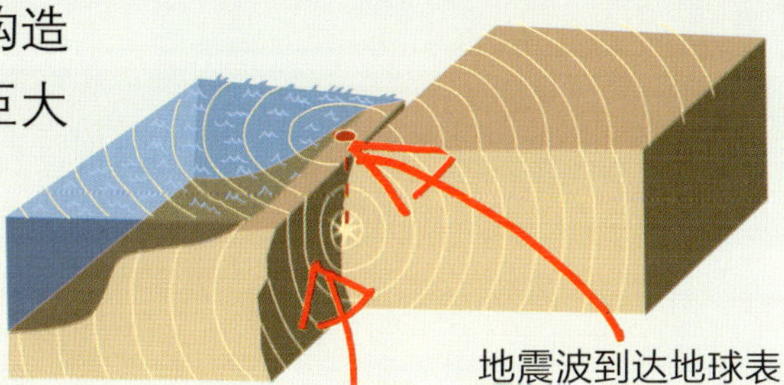

图中的横截面显示了构造板块在移动过程中，边缘互相挤压的状况

地震波到达地球表面，这一位置被称为震中。震中位于震源的正上方

岩石突然滑落，地震波在这里开始形成，这里就是震源

山

30秒大揭秘

地壳的运动形成了世界上大多数雄伟的山峰。当两个构造板块碰撞在一起时，岩石向上移动，产生巨大的褶皱，便形成了褶皱山。4 000万年前，位于亚洲的喜马拉雅山脉就是这样形成的。

当地壳的断层和裂缝迫使巨大的岩石块向上时，便形成了断块山。与褶皱山相比，断块山的顶部较为平坦。位于北美洲的内华达山脉就是由断块山组成的。

地下的岩浆推动其上方的岩石，形成圆形的凸起，当岩浆冷却后，变成坚硬的岩石，便形成了圆顶山。位于北美洲的布拉克山就是这样形成的。火山喷发也可以形成山脉。位于坦桑尼亚的乞力马扎罗山以及位于意大利的埃特纳山就是由火山喷发形成的。

你知道吗？山脉可以绵延几千千米。地球上最长的山脉是位于南美洲的安第斯山脉，它的长度大约有7 250千米。

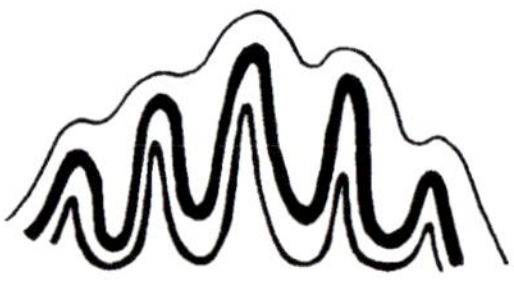

3秒钟总结

地壳运动可以形成雄伟的山脉。

3分钟任务

制作一座山

亲手制作自己的褶皱山脉。

你需要：4条不同颜色的橡皮泥，2个木块

1. 将4条橡皮泥一条压着一条摆放，像不同的岩石层一样。
2. 将2个木块分别放在橡皮泥的两端，它们代表不同的构造板块。
3. 相向推动2个木块，模拟构造板块互相碰撞的过程。
4. 挤压木块的力越大，岩石层形成的褶皱越多。

喜马拉雅山脉因地壳的运动而形成

印度所处的构造板块和亚洲其他地区所处的地壳板块发生碰撞

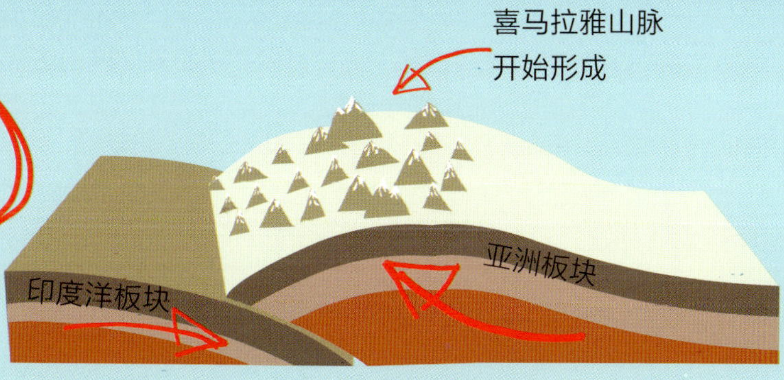

这两个板块互相碰撞，地壳被挤压而发生上移

它们形成世界上海拔最高的山脉，其高度还在不断增加

天气与气候

你所在的地方天气怎么样？在地球的大气层，太阳的光线使空气变暖，因此产生了不同的天气。长年累月，日日如此。气候是指某一地区多年的天气特征，从两极的寒冷和结冰到热带地区的炎热和潮湿。在这一章中，你将了解到，雨水是如何跋山涉水落到你身上的。你还将认识地球上几种最狂野的风。

大气层

30秒大揭秘

地球上的我们和漆黑的宇宙之间，到底有什么？我们的地球被一层巨大的气体包围着，我们叫它大气层。大气层有不同的层次。我们生活在对流层。对流层可达地球表面以上8千米~16千米。对流层提供了我们呼吸需要的氧气。

在对流层中，空气一刻不会静止。随着气压和温度的变化，它们始终四处移动。移动着的空气有助于将太阳的热量传递到世界各地，并形成了天气。

你能感受到压力吗？大气层中空气的重量对地球上的一切都施加着压力，包括你。这就是气压。气压时时刻刻都在发生变化。低气压区域的中心气压最低。高气压区域的中心气压最高。低气压区域的天气往往是潮湿多云的。高气压区域的天气往往是晴朗干燥的。

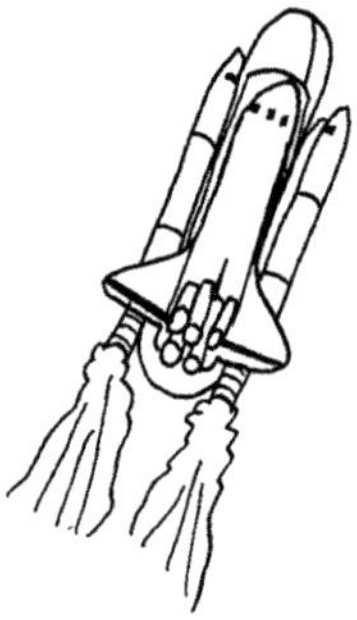

3秒钟总结

大气层是地球周围的一层气体。

气压戏法

你需要：7.5厘米×12.5厘米的薄纸板、一个玻璃杯和水

1. 将玻璃杯装满三分之一的水。
2. 将杯口润湿，手拿纸板，将杯口盖住。
3. 将玻璃杯拿到水槽处，将其上下倒置，然后小心地把手拿走。
4. 这时发生了什么？由于空气对纸板施加了作用力，在气压的作用下，纸板应该保持原状。

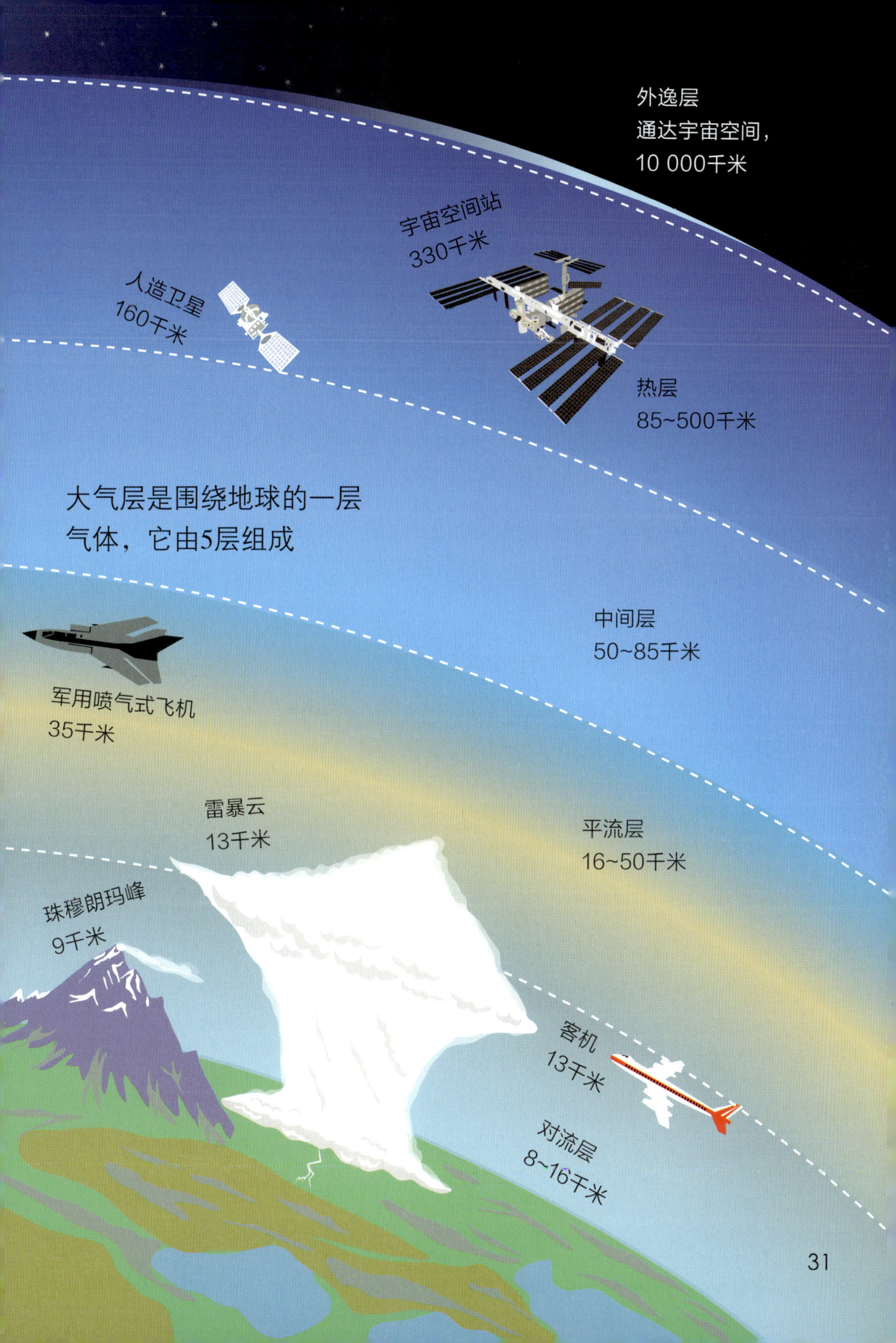

大气层是围绕地球的一层气体，它由5层组成

水循环

30秒大揭秘

下雨天把你淋湿的雨水其实已经跋涉了很远的旅途。它旅途的起点是海洋。水从海洋中蒸发，在大气层中形成水蒸气。你看不到水蒸气，但是当空气中有很多水蒸气的时候，我们会感觉到既闷热又潮湿。

当水蒸气冷却时，它就会凝结成微小的水珠或冰晶。这些水珠和冰晶构成了你在天空中看到的云。当它们变得足够大时，就以雨或者雪的形式，从云朵中掉落到地面。在地面上，雨水和融化的雪水会流入小溪和河流，并最终返回海洋。

水持续不断地在海洋、大气层、陆地、河流和湖泊之间流动。这一过程被称作水循环。

云是水循环的一部分。下次你在室外时，尝试着观察以下几种类型的云：积云（堆积的、块状的云）；层云（分层的云）；积雨云（会使雨产生的云）；中云（中层云）。

3秒钟总结

水在地球和大气层之间的循环过程被称作水循环。

3分钟任务

制造雨

你需要：大的玻璃碗、温水、铝箔纸或塑料保鲜膜、冰块

1. 在碗中倒入5厘米深的温水。
2. 将铝箔纸剪成合适的大小，并将它紧紧地盖在碗上。
3. 在铝箔纸上放一些冰块。
4. 水从碗底蒸发，形成水蒸气。当水蒸气遇到凉的铝箔纸时，将发生凝结，形成“雨”，“雨”将落回“大海”（碗里的水）里！

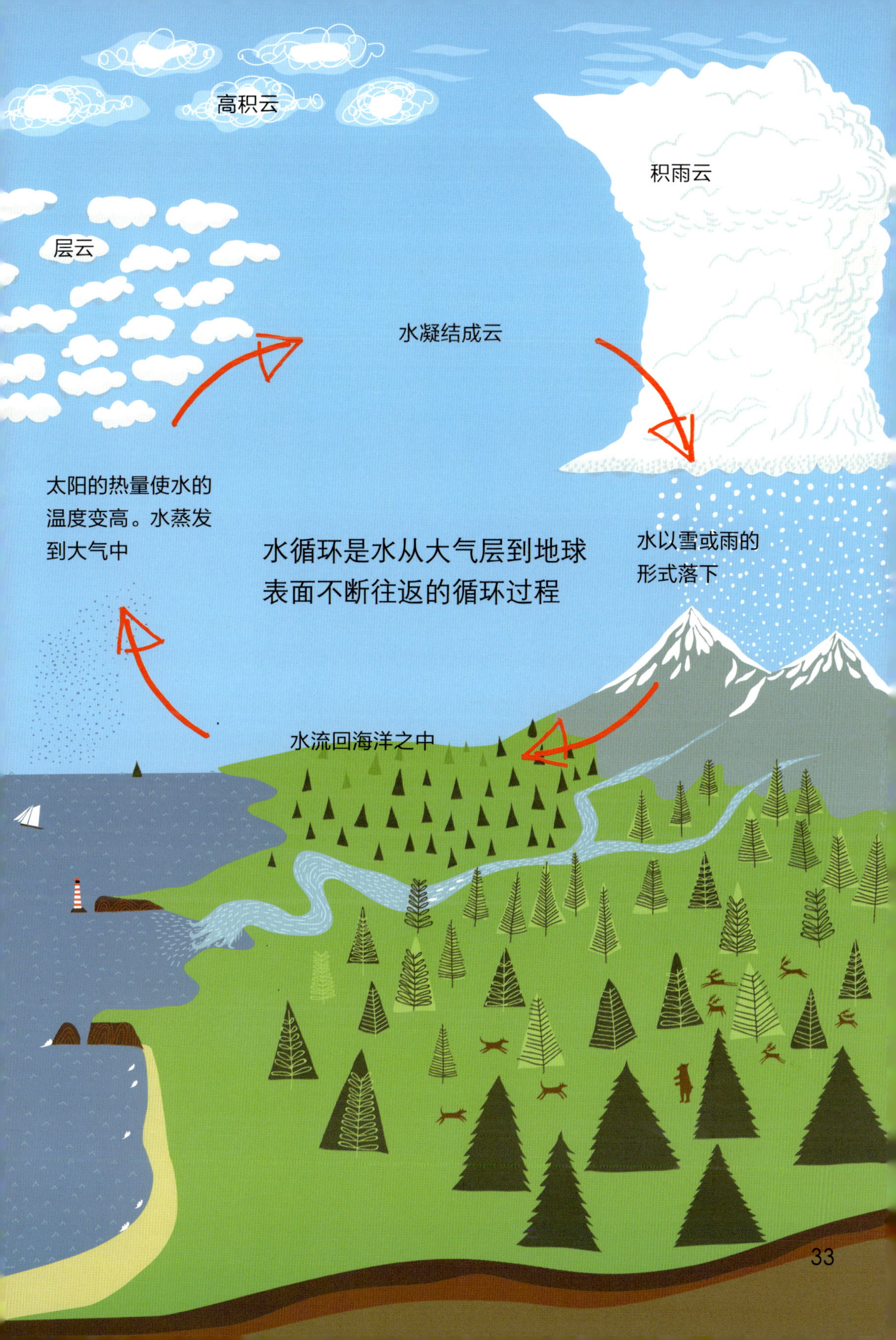
高积云
积雨云
层云
水凝结成云
太阳的热量使水的温度变高。水蒸发到大气中
水循环是水从大气层到地球表面不断往返的循环过程
水以雪或雨的形式落下
水流回海洋之中

打雷和闪电

30秒大揭秘

当你读这句话时，大约有2 000场雷暴正在世界各地肆虐。打雷和闪电是地球上最令人惊叹的两种天气现象。

闪电是一种力量极大的电火花，它能在空中跳跃。一道闪电能把空气加热到几千摄氏度。这种热量使空气突然膨胀，引起隆隆作响的雷声。

当积云变大，形成高耸的风暴云，即“积雨云”时，便产生了雷暴。积雨云的高度可以超过10千米。强大的气流在云层中上下流动，形成了巨大的电荷。正电荷聚集在云朵顶部，负电荷聚集在云朵底部。

当电荷变得足够大时，电流在云朵内部、不同云朵之间、云朵和大地之间穿行，就形成了你所看到的闪电。片状闪电是云中一道明亮的闪光，叉状闪电是一道束状的亮光。

3分钟任务

雷暴的距离

光的传播速度比声音的快得多，因此，在听到雷声之前，会先看到闪电。计算雷暴有多远，其实很容易。

1. 当你看到闪电时，开始用秒表计时。
2. 当你听到雷声时，停止计时。
3. 把你记下的秒数除以3，就能算出雷暴的距离。声音传播的速度是每3秒钟1千米。比如说，如果你记下的数字是6秒钟，那么雷暴的距离就是2千米。

3秒钟总结

闪电是一种能在空中跳跃的电火花。

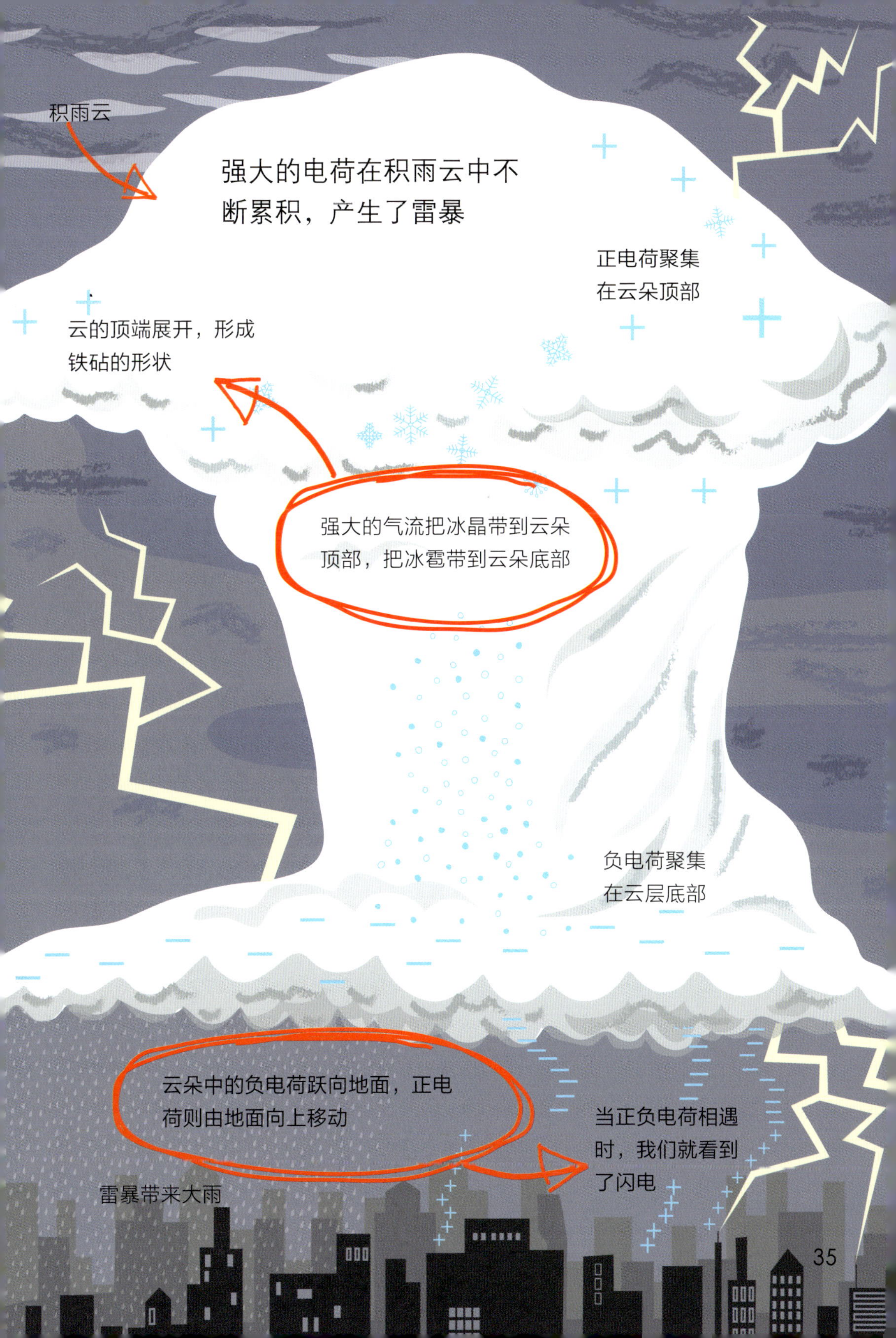

积雨云
强大的电荷在积雨云中不断累积，产生了雷暴
正电荷聚集在云朵顶部
云的顶端展开，形成铁砧的形状
强大的气流把冰晶带到云朵顶部，把冰雹带到云朵底部
负电荷聚集在云层底部
云朵中的负电荷跃向地面，正电荷则由地面向上移动
当正负电荷相遇时，我们就看到了闪电
雷暴带来大雨

飓风

30秒大揭秘

飓风是巨大的旋转的风暴。它们会带来超强的大风、暴雨和海上的巨浪。在陆地上，它们会造成洪水泛滥。

起初，飓风往往以一组雷暴的形式形成于赤道附近温暖的热带海洋上。有时，这些雷暴会发展成漩涡风暴，被称作热带风暴。一些热带风暴会逐渐平息，然而有一些会继续变强，它们从途经的温暖的海洋中获取能量，然后风力会变得越来越强，在天空中形成一片片充满雨水的高耸云团。

当风速达到每小时119千米时，暴风雨就正式成为飓风。萨菲尔－辛普森飓风等级测量飓风强度，从一级到五级。五级飓风的风速超过了每小时249千米！

飓风在穿越海洋时，会使海水暴涨，这被称作“风暴潮”。当飓风抵达陆地时，水可能会在内陆蔓延，引发洪水。2005年，卡特里娜飓风引起的风暴潮使美国新奥尔良市被洪水淹没。飓风的强风和暴雨也会造成严重的破坏。

3秒钟总结

飓风是一种带有强风的巨大的旋转风暴。

小知识

飓风的命名

所有飓风都会被命名。世界气象组织每年会为它们编制一个名单。这些名单每6年重复使用一次。如果一场飓风造成了巨大破坏，它的名字就永远不会被再次使用。安德鲁、米奇、卡特里娜就是几个不会被再次使用的飓风名字。

飓风形成于温暖的热带海域，一旦登陆就会造成严重的破坏，引发洪水

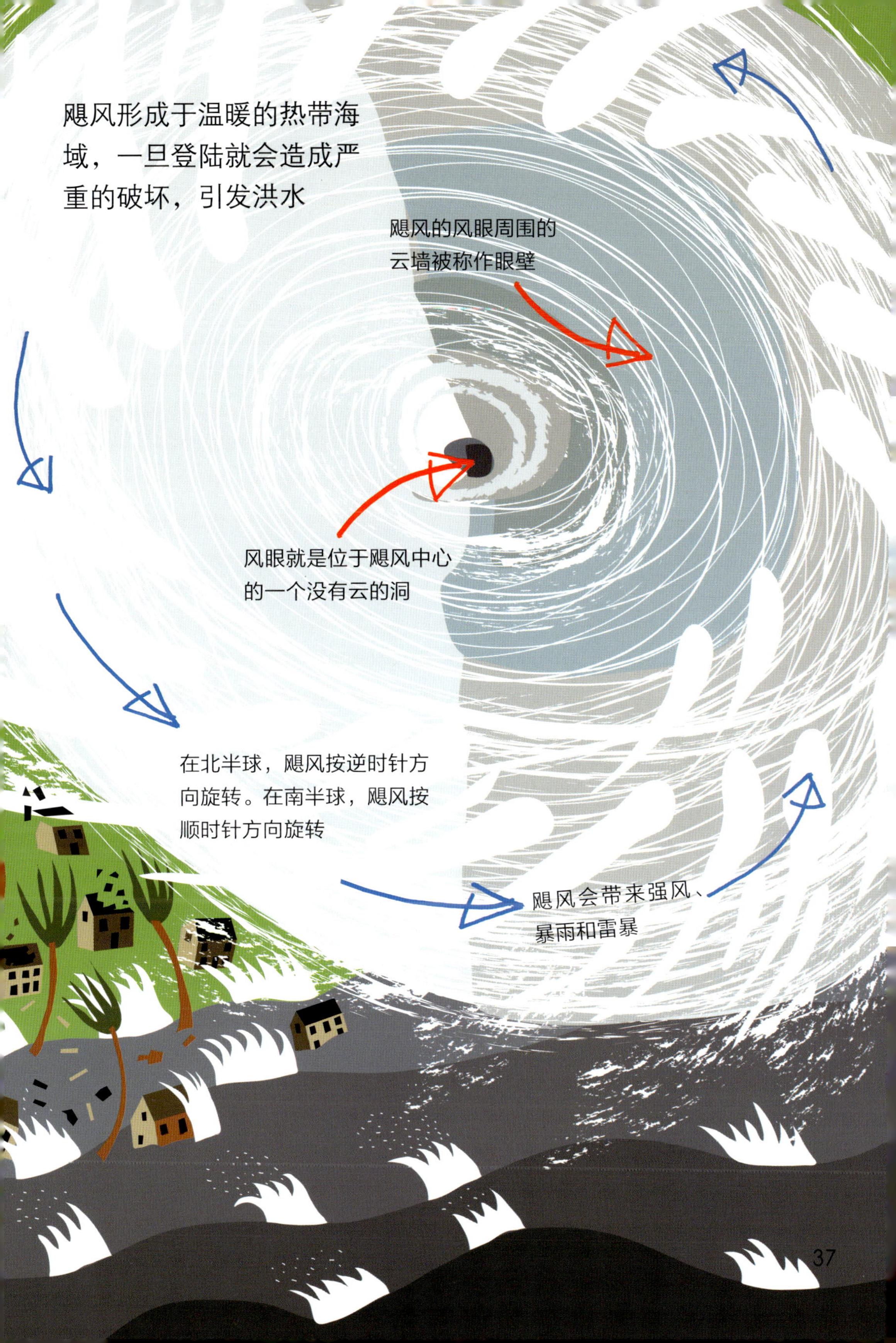

龙卷风

30秒大揭秘

你知道吗？地球上最强的风是在龙卷风里被发现的。龙卷风是扭曲的、旋转的空气柱，风速可达每小时480千米。这种强度的风足以将建筑物砸成碎片，将汽车卷上高空，甚至将火车拽出铁轨。

龙卷风由极具能量的雷暴形成，被称为“超晶胞雷暴”。在超晶胞雷暴中，强大的气流在超晶胞底部形成一个旋转的空气柱，被称作“涡旋”。当空气柱从超晶胞底部下降并到达地面时，便产生了龙卷风。

龙卷风外部的气流裹挟着大量残屑碎片，呈螺旋状上升。在落回到地球上之前，这些快速飞升的碎片可能会随气流飞出很远的距离，造成严重的破坏。龙卷风的直径可超过3千米，当它们横扫地面时，速度可达每小时115千米。

3秒钟总结

龙卷风是旋转的空气柱，具有极强的风力。

3分钟任务

罐子里的龙卷风

你需要：带盖的透明大玻璃罐，洗洁精，食用色素，水

1. 将罐子几乎灌满水。
2. 往水中滴几滴食用色素，再滴几滴洗洁精。
3. 将罐子旋转几圈，使罐子里的水快速旋转，然后停下来。
4. 你能看到罐子里龙卷风一样的形状吗？

当超晶胞雷暴中的气流形成一个抵达地面的涡旋时，便产生了龙卷风

气候带

30秒大揭秘

在一年中，你能看到哪些天气现象？气候是指在很长一段时间里，某个地方的天气状况，而不是某一天的天气情况。比如说，你居住的地方夏季气候很温暖，但其实在夏天，你那里可能有几天天气很冷，但是总体上来说，天气是温暖的。

世界上的不同地区有不同的气候，我们用气候带来划分这些地区。地球上有三个主要的气候带，分别是极地气候带、热带和温带。

南极和北极附近地区是极地气候，天气始终很冷，冬天冷得刺骨，没有温暖的夏天。赤道附近的地方是热带气候，一年四季炙热无比，并且分旱季和雨季。位于赤道和两极之间的地区是温带气候。这些地方四季分明，有温暖的春天和夏天，还有凉爽的秋天和冬天。

还有其他的气候带，比如山地气候，湿冷而多风，比如非常干燥的沙漠气候。

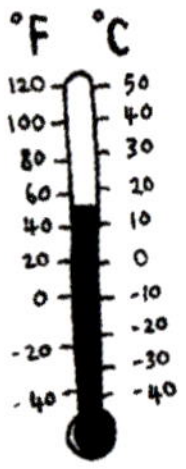

3秒钟总结

气候是一个地方长期的天气状况。

小知识

小气候

气候专家认为，许多地方有自己的小气候，或地方气候。在城市里，来自建筑物的热量使得城市的气候比周边的农村更热一些。山区寒冷多风，但是山谷的小气候往往比较温暖，因为山谷这种地形能使其不受大风侵袭。

地球上有三个主要的气候带：极地气候带、热带和温带

水分多多的世界

地球的大部分区域被水覆盖着。水存在于五大洋中，也遍布于世界各地的河流和湖泊中。有些水被冻在冰川和冰原中。在这一章中，我们将带你探索这个充满水分的世界，你将了解到最大和最深的湖泊，追踪河流从源头奔向大海的漫长旅程，发现海底令人惊叹的景观。

大洋和海洋

30秒大揭秘

你知道为什么我们常常说地球是“蓝色的星球”吗？因为地球超过三分之二的表面被水覆盖。地球上有五大洋，分别是：太平洋、大西洋、印度洋、南冰洋和北冰洋。

太平洋是最大的大洋。它流经地球上将近一半的地方，几乎相当于其他四个大洋加起来那么大！北冰洋是最小的大洋。在一年中的大多数时间里，北冰洋都被冰覆盖着。

海洋是比大洋小一些的水域，是大洋的一部分。比如说，地中海是大西洋的一部分，阿拉伯海是印度洋的一部分。很多海洋至少有一部分区域被陆地包围。

地球上大约97%的水存在于大洋之中。这些水是咸的，因为其中溶解着矿物质（大部分是普通的盐）。大多数盐来自陆地上的岩石，被雨水和河流冲进海洋。也有一些盐来自海底的火山。

3秒钟总结

地球超过三分之二的表面被大洋和海洋覆盖。

小知识

洋流

大洋中的水持续稳定地流动。在风力的作用下，大量的水形成流，如同巨型的河流一样，在海洋中流淌。有些洋流裹挟着温水，有些则是冷水。

洋流在流动的过程中，会把热量带到世界各地去，并对流经之处的天气产生重要的影响。

这五个球体展示了地球上
五个主要大洋的位置

海底世界

30秒大揭秘

在太阳的照射下，海洋的表层很明亮。但是当你潜至深处时，周围很快就变暗了。在大约100米以下，海洋漆黑一片，并且极度寒冷。

海洋下面的景观十分独特。在海底，有广阔而平坦的平原，上面覆盖着由海洋动植物残骸形成的沉积物。此外，还有长长的山脉链，也叫作海岭，它们形成于构造板块的边界处，岩浆在这里开始上升。

海底也有独座的山，叫作海山。有些海山比陆地上最高的山还要高。在海底，还有深深的山谷，叫作海沟。

最深的海沟是位于太平洋的马里亚纳海沟。它的底部位于海平面以下10 994米。如果把世界上最高的山峰珠穆朗玛峰放在马里亚纳海沟里，那么它会被1.6千米深的水覆盖！

3秒钟总结

在海底，有平坦的平原、高高的山峰和深深的海沟。

小知识

黑烟囱

在海底，极热的黑色水柱从一些海岭的边缘喷射而出，被称作黑烟囱。水中的矿物质在喷口周围形成烟囱状的结构。在黑烟囱的周围生活着成群的动物，包括2米长的巨型管虫、螃蟹和虾。它们靠吃细菌为生，这些细菌则靠吸收黑水柱中的矿物质为生。

海底有令人惊叹的景观，
有高高的山，也有深深的海沟

海岸

30秒大揭秘

海岸是海洋与陆地交汇的地方。在海岸上，风与浪的强大力量会侵蚀岩石，重塑景观，雕刻出悬崖、洞穴和海穹。

河口是河流与海洋交汇的地方。海岸在河口处向内陆弯曲。河口有低洼的泥岸，在退潮时会露出来。

在大多数地方，在潮汐的作用下，海水每天有两次涨潮和退潮。月球对地球的引力形成了潮汐。

月球的引力作用于海洋中的水，使离月球最近的海面水位升高，离月球最远的海面水位也会升高，这两个地方形成了涨潮现象。地球自转时，受月球引力作用的区域发生变化，因此，潮起潮落交替出现。

太阳在潮汐现象中也发挥了一定的作用，它使涨潮的高度在一年的不同时间里有所不同。

3分钟任务

弯曲的浪

你需要：大而深的托盘、杯子、长方形的塑料盖子

1. 向托盘中倒入1厘米深的水。
2. 把杯子倒立在托盘中央。
3. 用盖子的边缘在水中制造出小小的波浪。
4. 波浪在碰到杯子时，会发生弯曲，随后再抵达另一侧。正如海岸上的浪花在经过海岬时，会发生弯曲。

3秒钟总结

海岸是海洋与陆地交汇的地方。

风和浪雕饰了海岸的地貌
坚硬的岩石缓缓地被侵蚀，形成了海岬
然后形成了海穹……
海穹坍塌，留下了海蚀柱
海岬被侵蚀，形成了海蚀洞……
更加柔软和脆弱的岩石被快速侵蚀，形成了海湾

河流

30秒大揭秘

在地球上，只有1%的水流入河流和湖泊。它们是淡水。河流把水从陆地带入海洋，在所经之处，它们塑造了景观。

在流淌的过程中，河水携带着岩石、泥土、黏土等沉积物。岩石磨损河床，形成了山谷。泥土和黏土会堆积在漫滩上，形成适合农耕的肥沃土地。

河水最后会流淌到海边，从入海口流入大海。在这里，河流将更多的沉积物堆在入海口，这些沉积物形成了一个扇形的新陆地，被称作三角洲。

尼罗河是世界上最长的河流，全长6 671千米，它流经许多个非洲国家，并形成世界上最大的三角洲之一。

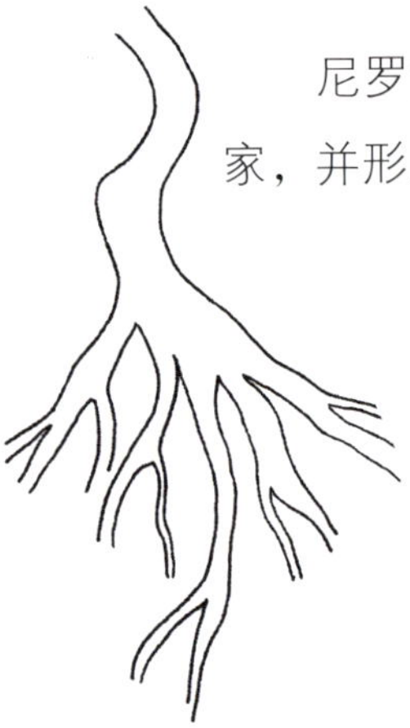

3分钟任务

制造河流的沉积物

你需要：大托盘、一块几厘米厚的木头、玩具用沙、一壶水和户外空间（这个任务可能会比较脏乱！）

1. 在托盘上覆盖一层几毫米厚的沙子。把托盘的一端放置在木头上。

2. 从托盘较高的一端缓缓地倒入一些水，观察沙子的变化。

3. 水把沙子带到托盘的另一端——就像河流携带沉积物流淌一般。

3秒钟总结

河流把水从陆地带入海洋。

河流在流淌过的地方塑造出景观，并将水带入大海

上游阶段：河流的源头在小山或高山上。它们从陡峭的斜坡上飞流而下

在中游阶段，河水的流速变得缓慢，水流在两岸间不断摆动，蜿蜒而流

河流的两岸都是漫滩，当河水泛滥时，漫滩会被水覆盖

河流从入海口汇入大海。在这一过程中，河流可将沉积物堆在入海口，形成三角洲

湖泊

30秒大揭秘

你可以试着在地上挖个洞，并往里面倒入很多水，这样你就创造了一个迷你的湖泊！所有湖泊都是这样的，是一个充满水的洞。

地球上有各种各样的湖泊。在山区，古老的冰川被开凿出洞，形成了湖泊。流水切穿河曲颈部冲出新河槽后，被舍弃的河湾两端经泥沙淤塞，成为遗留的弓形湖泊，因形如牛轭，所以称为牛轭湖。

地球上的板块运动使大块岩石上升或下降时，洞穴中便形成了断陷湖和断层湖。火山口湖形成于非活跃火山的火山口中。

水是如何到达湖泊的呢？湖泊里的淡水来自流入它的小溪和河流、冰川融化的冰，或者是渗出的地下水。雨水也会落入湖泊。

有些湖泊是咸水湖。湖泊沉积矿石溶解，释放出含盐的矿物质，因此形成了咸水湖。当水分蒸发后，会留下盐分。大的咸水湖又被称为内海，例如里海。

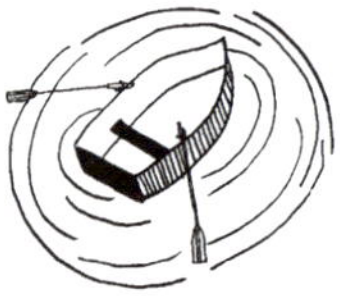

小知识

世界上最大和最深的湖泊

世界上最大的湖泊是苏必利尔湖，它是北美洲的大湖之一。它的面积达82 100平方千米——大约相当于6.6亿个奥运会游泳池那么大！

世界上最深的湖泊是位于俄罗斯的贝加尔湖。它的中部最深达1 620米。

3秒钟总结

湖泊就是充满水的洞。

湖泊就是充满水的洞。地球上的湖泊有很多种不同的形成方式

冰川

30秒大揭秘

如果你登上世界上最高的山峰，会发现那里长年被积雪覆盖，其他什么都没有。经过几千年，山顶上厚厚的积雪逐渐变成了冰。

这些冰形成了一条巨大的冰河，叫作冰川，冰川从山顶向山下缓缓地滑动。我们很难观察到冰川的运动，因为一般来讲，它一天移动的距离只有2米。

冰川也来自冰盖。冰盖是覆盖南极洲和格陵兰岛的极厚的冰层。

随着时间的推移，冰川在它流经的山坡上雕刻出山谷，被称作盆地谷。盆地谷是U型的，有陡峭的侧壁和平坦的底部。

冰川的末端叫作冰川鼻。冰川到达冰川鼻后开始融化，并倾倒出它所携带的小片的岩石。

许多冰川消融于海洋或湖泊之中。在这种情况下，大而厚的冰体突然崩裂，发出巨响，并消融于水中。

3秒钟总结

冰川是缓慢运动着的冰河。

3分钟任务

远程看冰川

你需要：笔记本电脑或智能手机

1. 打开地图网站或应用程序。

2. 在“搜索栏”里输入“喜马拉雅山脉”。

3. 放大图像，观察喜马拉雅山上的细节。

4. 输入“珠穆朗玛峰”。你能发现画面上的冰川沿着山坡滑动吗？

冰川形成于山顶，并缓缓地向山下移动，像一条冰冷的河流一样

神奇的生态系统

生态系统是生物（植物和动物）与非生物（岩石、空气、水）相互作用的自然系统。一个生态系统可能很大，比如荒漠；也可能很小，比如水坑。在这一章中，你将会了解到地球上一些大的生态系统，从潮湿的热带雨林到与世隔绝的岛屿，从寒冷冰封的两极到色彩斑斓的珊瑚礁。

荒漠

30秒大揭秘

说到荒漠，估计你会联想到一大片炙热的沙漠。但实际上，并不是所有的荒漠都是充满沙子的。有些荒漠布满岩石或石头。南极洲也是荒漠，那里则是被冰覆盖。在充满沙的沙漠中，在风力的作用下，散沙会堆积成巨大的沙堆，被称作沙丘。沙丘可能会达数百米高。

所有的荒漠都是干燥的。有些荒漠处于内陆深处，雨水很少会抵达这些地方。有些荒漠则形成于山脉的边缘地带，雨水会落在山上，但不会落在它边缘处的荒漠上。

阿塔卡马沙漠位于安第斯山脉的雨影区。阿塔卡马沙漠上的部分区域数百年以来都没有降雨。

在白天，很多荒漠一年四季都炙热无比，比如位于非洲的撒哈拉沙漠。有些荒漠冬天的时候十分寒冷，比如位于亚洲北部的戈壁。所有的荒漠在晚上都比较寒冷。

一些神奇的植物和动物生活在荒漠严酷的环境中。它们拥有特殊的生存技能。骆驼可以在不喝水的情况下行走数日，可以在不吃东西的情况下行走数周。它们可以在驼峰里将脂肪转化为食物。它们的粪便非常干燥，这样可以减少体内的水分流失。

3秒钟总结

荒漠是降水极少的地方。

3分钟任务

吹一个沙丘

你需要：一个旧的烤盘和玩具用沙

1. 请在室外做这个实验。将一把沙子放入烤盘里，并把沙子堆成沙丘的形状。
2. 用嘴在烤盘的边缘对着“沙丘”轻轻地吹气。
3. 你能看到沙子从沙丘的一边被吹到另一边吗？

在沙漠中，沙丘是在风力的作用下形成的。沙漠中的动植物已经适应了在恶劣的条件下生活

雨林

30秒大揭秘

雨林生长在热带，位于赤道两侧。雨林的气候炎热潮湿，在那里，几乎每天都有雨水倾盆而下。地球上超过三分之二的植物物种都生长在热带雨林中。

雨林覆盖了地球表面约6%的面积。雨林分为几种不同的类型：低地雨林，例如亚马孙雨林；位于山坡上的山地雨林；沿海岸生长的红树林雨林。

世界上面积最大的雨林是亚马孙雨林，它位于南美洲的亚马孙河沿岸。它的面积相当于印度的两倍！

在一个足球场大小的雨林中，可能生活着成百上千种动植物。雨林中最常见的动物是昆虫，成百上千种鸟类、灵长目动物、爬行动物、蜘蛛和青蛙也生活在那里。

雨林中的植物

雨林中的植物蕴含着许多有用的物质和养料：

- 胶乳，橡胶树分泌的液体，是制造橡胶的纯天然原料。橡胶可以用来制造轮胎。
- 食物，例如巴西坚果、腰果、咖啡豆、杧果和香蕉。
- 竹子和藤条，可以用来制造家具。
- 我们最喜欢的一些零食的原料：可可豆，巧克力的原料；香草，冰激凌的原料。

3秒钟总结

雨林是炎热而多雨的。

热带雨林是成百上千种
不同动植物的栖息地
露生层
巨嘴鸟
金刚鹦鹉
蓝鹦鹉
树冠层
松鼠猴
蜘蛛猴
树懒
林下叶层
狨猴
松鼠猴
大蟒蛇
森林地面层
貘
美洲豹

极地

30秒大揭秘

走到地球的尽头，就是极地了。极地位于地轴的两端。我们之前提到过，地轴是我们假想的一条贯穿南北两极的轴线，地球围绕地轴进行自转。

在南极和北极，天气极为寒冷，四季冰封。北极位于北冰洋的中间区域，终年被冰覆盖。冰的面积在冬天会增大，在夏天会缩小。南极位于南极洲，是一大片被厚厚的冰层覆盖的巨大大陆。

两极的天气终年寒冷，而在冬天则是更为极端的酷寒。在南极洲，气温可以低至零下60摄氏度。在隆冬时节，太阳始终不升起；而在短暂的盛夏时节，太阳始终不落下。

北极熊、企鹅和海豹等动物生活在两极地区，它们已经适应了那里四季冰封的环境。它们用厚厚的毛皮、羽毛或脂肪层抵御寒冷。

3分钟任务

漂浮的冰山

你需要：饮料瓶、冰块和尺子

1. 向玻璃瓶里倒入半瓶水。向水中扔进一个冰块，做一个冰山模型。
2. 非常缓慢地往瓶中加水，直到水位到达瓶子的边缘。
3. 用尺子量一量，冰山露出水面的部分有多少毫米，沉在水中的部分有多少毫米。
4. 你会发现，冰山沉入水中部分的高度是露出水面部分高度的9倍。

3秒钟总结

在南极和北极，气候终年寒冷。

北极熊、驯鹿、狐狸
以及其他哺乳动物在
北极地区生活
北极地区有
植物和树木
北极
北极圈
能够在南极和北极生存的
动植物种类非常少
南极圈
南极
南极地区没有
植物或者树木
南极有企鹅和海洋哺
乳动物，但是没有陆
地哺乳动物，除了人
类探险家

岛屿

30秒大揭秘

岛屿是一片四面环水的陆地。小的珊瑚岛只有几米宽，而大的陆地岛则可以宽达成百上千千米。有些岛屿地势低洼，有些岛屿上有高高的山峰。

岛屿的气候有许多不同的类型。热带地区的岛屿气候炎热而潮湿，两极地区的岛屿气候寒冷而潮湿。岛屿往往是多风的，因为岛屿无法遮挡横穿海面而来的风。

格陵兰岛是世界上最大的岛屿。岛上四分之三的面积被厚厚的冰层覆盖。在格陵兰岛上，沿海地区气温要高一些，所以大多数居民都住在沿海地区。

许多岛屿是世界上其他地方见不到的动植物的家园。因为这些岛屿与世隔绝，所以岛上的野生动物物种会经历不一样的进化过程。加拉帕戈斯群岛位于南美洲的西海岸。岛上有长达1.5米的巨型乌龟。这些乌龟有着长长的脖子，因为它们以岛上高大的植物为食物，所以发生了这样的进化。

3秒钟总结

岛屿是一片四面环水的陆地。

3分钟任务

漂浮的种子

如果种子漂流到一个岛屿上，它们就可能在岛屿上生根发芽，长成植物。

你需要：大碗，种子或果实，比如干的豆子和豌豆，苹果，巴西坚果和葵花。

先想一想，这些种子和果实，哪些会浮起，哪些会沉入水中。然后把它们放入水中试一试。让这些种子在水中尽可能长时间地漂浮，然后观察，它们能否不沉没在水中，顺利抵达“陆地”。

动植物从其他地方来到岛屿上，它们在岛屿上栖居并繁衍，最终进化为独特的物种
种子随风来到岛屿上
鸟和蝙蝠吃水果，种子随它们的粪便被排出来
海龟和其他一些动物可以游到岛屿上
蜥蜴和其他不擅长游泳的动物可能会借助一个漂浮的树枝抵达岛屿
椰子漂流到岛屿上

珊瑚礁

30秒大揭秘

颜色鲜艳的鱼在清澈得发亮的水中游动，从形状像树、扇子甚至大脑一样的珊瑚礁中穿梭。欢迎来到珊瑚礁！

各种各样的动物在珊瑚礁中栖居，包括三分之二的海洋鱼类、海绵、海星和螃蟹。

珊瑚是一种活的物质，由成千上万个被称作珊瑚虫的微小动物构成。珊瑚虫的身体很软，被它们自己筑起的坚硬的白垩壳保护着。当一个珊瑚虫死亡后，它的身体会腐烂，但是它坚硬的壳会继续留存下来。

新的珊瑚虫在旧壳的顶部生长，许多年以后，珊瑚壳形成了不同的形状，其外侧是活珊瑚。长此以往，数百数千年以后，成群的珊瑚聚集在一起，就形成了长长的珊瑚礁。

珊瑚主要生长在温暖的浅水区。因此，珊瑚礁大多出现在热带地区的海岸和水下山脉的顶部。

澳大利亚的大堡礁是世界上最大的珊瑚礁。它的面积高达20.7万平方千米，大约相当于7 000万个足球场那么大！

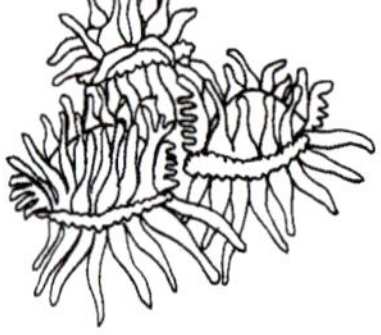

3秒钟总结

珊瑚礁是由有生命的动物构成的。

3分钟任务

大堡礁

你需要：笔记本电脑或智能手机

1. 打开地图网站或应用程序。
2. 找到澳大利亚，搜索东北海岸。
3. 你能找到沿着海岸的大堡礁吗？

珊瑚礁由被称作珊瑚虫的微小动物构成。珊瑚礁是多种海洋生物的独特栖息地

未来的地球

在未来，地球会变成什么样子？可想而知，没有人能给出确切的答案。但是有一点可以确定，地球正在快速发生变化。在世界各地，天气变得越来越恶劣，宝贵的生态系统正遭到破坏。很多变化是由人类的活动导致的。当然，也并不只有坏消息。在这一章中，你将了解到地球上正在发生的变化，以及人类为拯救地球所做出的努力。

变化的气候

30秒大揭秘

你知道吗？地球上的气候随着时间的推移而发生变化。科学家认为，现在，地球气候变化的速度比过去10 000年里的任何时候都要快。

气候的变化可能是一种自然的现象。但是，大多数专家认为，现在的气候变化速度加快，可能是由人类活动导致的。

要了解地球的气候变化，我们需要绕回到前面几章中提到过的大气层。大气层中的一些气体能够吸收来自太阳的热量。这一现象被称为温室效应，它导致了气候变暖。吸收热量最多的气体是二氧化碳。

每一天，人类的许多活动会释放二氧化碳，例如燃烧煤炭、石油和天然气。这些二氧化碳会上升到大气层中。它们吸收热量，使地球变得越来越热。科学家把这一现象称为全球变暖。气候的变化使天气更加恶劣。近年来，风暴、洪水、干旱等气候灾害越来越频繁。

要缓解温室效应，我们可以减少使用燃料能源，开发释放较少二氧化碳的燃料。树木可以吸收二氧化碳，因此，我们应该减少伐木量，种植新的树木，这些行为都可以拯救我们的地球。

小知识

减少能源消耗

在家庭生活中，减少能源消耗是举手之劳。把温度调节器调整到最低的舒适温度——18到21摄氏度。如果一个家庭调低1度，每年能节省100美元。一家人可以减少260千克温室气体二氧化碳的排放。

3秒钟总结

气候变化指的是天气模式的变化。

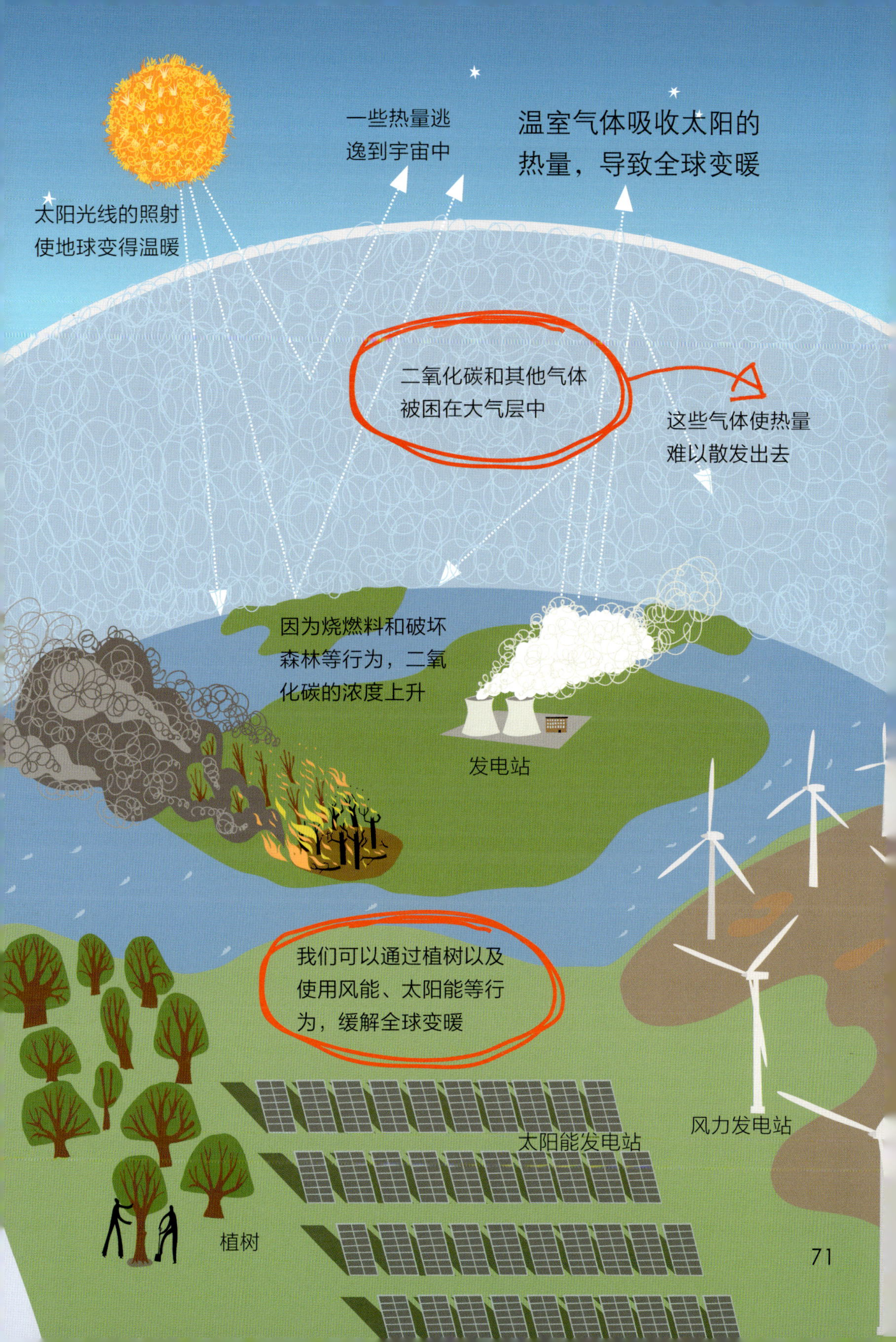
一些热量逃
逸到宇宙中
温室气体吸收太阳的
热量，导致全球变暖
太阳光线的照射
使地球变得温暖
二氧化碳和其他气体
被困在大气层中
这些气体使热量
难以散发出去
因为烧燃料和破坏
森林等行为，二氧
化碳的浓度上升
发电站
我们可以通过植树以及
使用风能、太阳能等行
为，缓解全球变暖
太阳能发电站
风力发电站
植树

杜绝浪费

30秒大揭秘

每一年，人类会用掉大约5 000亿个塑料袋，也就是说，平均每个人会用掉约70个。而且在大多数情况下，我们用完塑料袋就把它们扔掉了！不仅如此，我们还会扔掉大量塑料瓶、锡罐和纸。

大多数垃圾会被烧掉或者埋在地下。填埋垃圾的过程被称作垃圾填埋法。有些垃圾需要消耗成千上万年时间才能够腐烂掉，我们也许很快就会用尽地球上适合填埋垃圾的地方。

实际上，很多垃圾可以被再利用或回收，这样我们就可以消耗更少的资源，制造更少的垃圾。比如说塑料瓶，在回收它们之前，我们可以多使用几次。

回收易拉罐可以节约能源。和制造新铝罐相比，用旧铝罐制成新的所消耗的能源只是前者的二十分之一。和重新制作塑料袋相比，用回收的聚乙烯制作塑料袋所需的水只是前者的八分之一。我们还可以通过购买再生商品等行为来减少浪费。

3分钟任务

制作一个植物容器

你需要：一个干净的2升容量的塑料瓶、一把砾石、盆栽用土、一些植物种子、一把剪刀和一位成人助手

1. 请成人助手帮你把塑料瓶从中间剪开，留着下半部分备用。
2. 在瓶底铺一层2厘米厚的砾石，再覆盖5厘米的盆栽用土。
3. 把种子种入其中，并给种子浇水。
4. 把这个植物容器放在阳光充足的窗台上。

观察种子的生长过程吧！

3秒钟总结

废物和垃圾会污染环境。

废弃的材料，例如纸、玻璃制品、塑料制品、罐头瓶等都可以被回收，我们可以利用它们制造新产品

正在消失的栖息地

30秒大揭秘

在全世界，人类正在破坏野生动物的栖息地，从而使一些植物和动物的生存面临威胁。人们侵入其他生物的栖息地，是为了获得更多的空间，建起新的住房、工厂和农田。在河流和海洋的沿岸，人类的一些行为会污染水源。

当一个栖息地遭到破坏时，其中的植物和动物必须适应新的环境，或者找到其他地方去栖居。如果不能，它们就会死亡，甚至灭绝。

雨林栖息地正在面临巨大的风险。每一秒钟，世界上就有足球场大小的一块雨林消失。为了获得木材，并为采矿场和农场腾出空地，人们乱砍滥伐。成百上千种雨林植物和动物被消灭，雨林居民的生活也被破坏。

污染、采矿以及对稀有珊瑚和贝壳的捕捞行为威胁着珊瑚礁栖息地。约四分之一的珊瑚礁已经遭到破坏，还有60%的珊瑚礁正面临严峻的威胁。

3分钟任务

灭绝还是正受到威胁？

世界上许多动植物物种已经灭绝，还有许多濒临灭绝。下面列出了几种动物。它们是灭绝了，还是正受到威胁？适合它们生存的栖息地是什么？那些栖息地遭到了怎样的破坏？

物种类型：

红毛猩猩

苏门答腊犀牛

马来熊

布兰克蜘蛛猴

树袋鼠

3秒钟总结

世界上的许多栖息地正在遭受破坏。

雨林被砍伐，许多物种独特的栖息地被破坏，土地被侵蚀

拯救地球

30秒大揭秘

如何拯救我们的地球？这里为你列出一些建议。

●加入学校里的一个环保俱乐部，你也可以叫几个朋友一起创办一个。决定你们要发起的活动。通过这些活动，你们能说服人们减少学校周围的能源或水的使用吗？

●告诉你的朋友和家人，多走路，多回收物品，去旅行时搭乘公共交通工具而不是开车去，这些行为都能够减少对燃料的消耗。

●离开房间时记得关灯，沐浴用时少花1分钟。这样不仅能省钱，还能节省宝贵的能源！

●尽可能重复使用家里的一些物品。做手工时，塑料瓶、硬纸板、废料纸都是唾手可得的材料。将物品放入回收箱之前，确认它无法被任何人再次使用。

●和朋友们一起为某个环保项目募集资金，例如涉及保护濒危栖居地的环保项目。

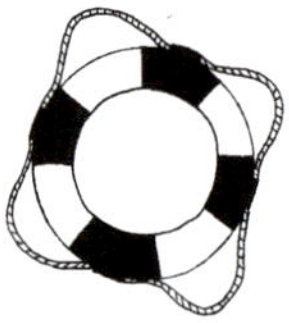

3秒钟总结

你可以通过多种多样的方式，为拯救地球贡献出自己的一分力量。

小知识

3R原则

要保护我们的地球，请牢记3个原则——减少使用（Reduce），重复使用（Reuse），循环使用（Recycle）。

减少使用：出行时少开车，多步行。

重复使用：将旧衣服和旧玩具捐给慈善商店。

循环使用：将玻璃瓶、废纸、金属罐扔到回收箱。

我们所做的一些小事能带来巨大的改变，从而拯救地球